AF586776

CATECHISME DU CITOYEN,

SELON LES PRINCIPES DE LA NOUVELLE CONSTITUTION.

PAR M. TERRASSON,

Aide-Major du Régiment Saint-Eloi, de l'armée Nationale Bordeloise.

Ils prévirent un malheur qu'ils avoient éprouvé, & voulurent se prémunir contre les abus de l'autorité qui d'elle-même transgresse ses limites. RAYNAL, Histoire Phylosophique & Politique, tome II.

A CLERMONT-FERRAND;

Chez P. BEAUFILS, Imprimeur-Libraire, petite rue de St. Genès, N°. 6.

1790.

CATECHISME DU CITOYEN.

D. QUI êtes-vous ?

R. Un homme.

D. Qu'est-ce qu'un homme ?

R. Un homme est un être intelligent & libre, créé pour vivre en société.

D. Qu'est ce qu'une société ?

R. C'est la réunion de plusieurs hommes pour le même objet. [illegible]

D. Quel est l'objet pour lequel les Français se sont réunis en societé ?

R. C'est pour conserver à chacun d'eux, par la réunion des forces individuelles, *les droits imprescriptibles de l'homme, la liberté, la propriété, la sûreté & pour résister plus sûrement à l'oppression* (1).

Comment nomme-t-on cette société ?

Une société politique.

Que faut-il faire pour donner de l'harmonie & une stabilité durable à une société politique ?

Il faut en fixer la constitution.

Pourquoi faut-il commencer par fixer la constitution d'une société politique ?

Parce que quelques rapprochés que soient les hommes, ils seront toujours dans un état de dispersion & d'anarchie tant qu'ils n'auront pas fixé leurs obligations réciproques.

Que faut-il faire pour fixer la constitution d'une société politique ?

---

(1) Tout ce qui est en italique sont les propres mots des décrets de l'Assemblée Nationale.

Il faut établir les principes qui doivent déterminer la forme du gouvernement de cette société (1).

Qu'est-ce que le gouvernement d'une société?

C'est l'action ou la marche de cette société résultante des principes qu'elle a établi.

Quel doit être l'effet de l'établissement de ces principes?

C'est le développement des devoirs de l'homme, comme membre d'une société.

Quels sont les devoirs de l'homme comme membre d'une société!

C'est d'apporter à la conservation de la chose commune, sans nuire à la justice & à ses intérêts particuliers, le plus de zéle possible.

Qu'est-ce que la chose commune?

La chose commune est celle que la société a prise sous sa protection, telles que sa constitution, ses propriétés & ses alliés.

Qui peut donner une constitution à une nation?

Une nation peut seule se donner une constitution.

Pourquoi une nation peut-elle seule se donner une constitution?

Parce que nul être n'a le pouvoir de donner des loix à un être libre, à moins qu'il n'en ait reçu de lui le mandat.

Faut-il que la nation fasse par elle-même, & individuellement cette constitution?

Non, une nation peut être représentée.

Quand une nation peut-elle être représentée?

Une nation ne peut être représentée que quand elle a délibéré qu'elle seroit représentée.

Pourquoi une nation ne peut-elle être représentée que quand elle a délibéré qu'elle seroit représentée?

Parce que par cette délibération les citoyens perdent, pour ce moment, le droit de voter par eux-mêmes.

---

(1) Je ne me servirai plus du mot politique, parce que le lecteur voit assez que je parle d'une société politique.

Quand eſt-ce qu'une nation doit délibérer qu'elle ſera repréſentée ?

Quand elle eſt tellement nombreuſe, qu'il ſeroit impoſſible d'eſpérer d'une aſſemblée générale une délibération.

Par qui une nation peut-elle être repréſentée ?

Une nation ne peut être repréſentée que par ceux de ſes membres à qui elle en a donné le pouvoir.

Par qui les repréſentans de la nation doivent-ils être nommés ?

Les repréſentans de la nation doivent être nommés par tous les membres de la nation.

Qu'eſt-ce qu'un membre de la nation ?

C'eſt l'homme qu'elle a agrégé à ſa ſociété.

Faut-il pour être repréſentant de la nation avoir obtenu le ſuffrage de tous les membres ?

Non, il ſuffit d'avoir obtenu la majorité des ſuffrages.

Pourquoi ne faut-il pas réunir tous les ſuffrages pour être le repréſentant de la nation ?

Parce que le repréſentant de la nation n'eſt pas le repréſentant de chaque individu, mais bien du corps ſocial ; il ſuffit d'avoir le ſuffrage du corps qu'on repréſente.

Puiſque chaque membre a droit de donner ſon ſuffrage, pourquoi n'a-t-il pas le droit de nommer ſon repréſentant ?

Parce que par la délibération qui décide que la Nation ſera repréſentée, chaque membre a renoncé pour ce moment au droit de voter par lui-même, & s'eſt contenté de la faculté de voter pour la nomination des repréſentans du corps ſocial.

Comment nomme-t-on cette partie de la nation qui la repréſente ?

Le corps ou pouvoir légiſlatif.

Pourquoi nomme-t-on le corps des repréſentans de la nation le corps légiſlatif ?

Parce que ce corps ou la nation a ſeul le droit de faire des loix ou de les interpréter.

Qu'eſt-ce qu'une loi ?

C'eſt l'expreſſion de la volonté générale ſur un objet commun.

Pourquoi dites-vous que la loi eſt l'expreſſion de la volonté générale ?

Parce qu'une loi n'eſt portée qu'après que la majeure partie des membres de la nation, ou ſes repréſentans, l'a conſentie.

Pourquoi doit-on ſe rendre à l'avis de la majeure ?

Parce que toute ſociété, étant aſſemblée pour chercher l'avantage de cette ſociété; il n'eſt pas naturel de croire que le plus grand nombre en ait voulu la ruine, & il n'eſt pas prudent de réſiſter à une force majeure.

Peut-on ſe diſpenſer d'obéir à la loi ?

On ne peut point ſe diſpenſer d'obéir à la loi.

Pourquoi ne peut-on point ſe diſpenſer d'obéir à la loi ?

Parce que, outre que c'eſt détruir le moyen de la conſervation générale, c'eſt encore aller contre le ſerment tacite ou exprès, fait par chaque membre de la ſociété.

Comment la loi eſt-elle le moyen de la conſervation générale ?

Parce que la loi établit l'ordre, & que ſans l'ordre tout eſt confondu & détruit.

Pourquoi la nation ou le corps légiſlatif ont-ils ſeuls le droit d'interpréter la loi ?

Parce qu'on ne peut interpréter la loi que d'une manière impérative, & par une loi. Le juge ou l'homme de loi, explique, mais n'interprète pas la loi.

Eſt-ce la nation qui fait exécuter ſes loix ?

Non, ce n'eſt pas la nation qui fait exécuter ſes loix, Parce que l'exécution de la loi eſt l'acte d'un pouvoir ſecondaire, qui ne peut demeurer à la nation, qui eſt le ſouverain.

Que doit donc faire la nation pour aſſurer l'exécution de ſes loix ?

La nation doit, pour assurer l'exécution de ses loix, déléguer le pouvoir de les faire exécuter à un ou à plusieurs de ses membres, selon la nature du gouvernement qu'elle a adopté ?

De quelle nature est le gouvernement adopté par les Français ?

Les Français ont adopté le gouvernement monarchique.

Qu'est-ce qu'un gouvernement monarchique ?

C'est celui où un seul gouverne par les loix établies par la nation.

Pourquoi les Français ont-ils adopté cette forme de gouvernement ?

Parce que ce gouvernement étant le plus simple, il convient mieux à leur caractère, à leurs mœurs, à l'étendue de leur territoire, à la nature de leur sol, & à leur commerce.

A qui, par la forme de ce gouvernement, la nation doit-elle déléguer le pouvoir de faire exécuter les loix ?

A un seul membre de la nation.

Comment nommera-t-on le membre de la nation chargé de ce pouvoir ?

Roi, monarque, empereur, ou chef suprême du pouvoir exécutif.

Par qui ce chef doit-il être nommé ?

Par toute la nation, ou ses représentans.

Pourquoi le chef suprême doit-il être nommé par toute la nation ?

Parce que *tous les pouvoirs émanent essentiellement de la nation, & ne peuvent émaner que d'elle.*

Le chef suprême du pouvoir exécutif est-il dépendant du pouvoir législatif?

Non, en France *la personne du monarque est inviolable & sacrée.*

Quel est l'effet de l'indépendance du pouvoir exécutif?

C'est de n'être comptable d'aucun acte d'autorité.

Pourquoi le dépositaire suprême du pouvoir exécutif ne répond-il point des actes de son autorité ?

C'est qu'ayant obtenu une confiance entière, & le suffrage général, la nation se contrediroit elle-même si elle soupçonoit l'intention de ce monarque ; & cette indépendance le mettant au dessus de la haine & de la vengeance, soutiendroit son zèle & son activité, s'il en étoit besoin.

En quoi consiste l'autorité du chef suprême du pouvoir exécutif ?

Diriger toutes les forces de l'état & en administrer les revenus ; envoyer des ambassadeurs aux aliés, aux puissances étrangères, & en recevoir ; préparer les traités, proposer à la nation ou la paix ou la guerre, & la sanctionner ; veiller à l'exécution de toutes les loix ; & faire infliger au réfractaire la peine prononcée par la loi ; imprimer au juge, élu par le peuple, le caractère qui le revêt de la force publique ; rassembler la nation aux époques arrêtées, ou pour des circonstances extraordinaires ; suspendre même les décrets des répresentans de la nation ; telle est en France (1) l'autorité du chef suprême du pouvoir exécutif.

Ce chef ne peut-il point abuser de sa puissance contre la nation ou contre les individus ?

Non, parce que, par la constitution, son autorité étant subordonnée à la loi, il ne peut rien faire que par elle, & selon qu'elle le prescrit.

Que doit-on faire si le roi commande quelque chose contre la loi ?

Le ministre, à qui le roi remet cet ordre ; doit

---

(1) Je dis en France, c'est sur-tout en France que l'on sait amener à la vertu par la vertu. L'assemblée nationale a associé le Roi au grand œuvre de la législation, pour l'intéresser davantage à l'exécution de la loi. Les étrangers peut-être désaprouveront que l'on se soit écarté de la rigidité des principes à cet égard ; mais des Français & les Français de ce règne, ne désavoueront sûrement pas cette marque de confiance.

refuser de le signer, parce qu'*il n'y a point en France d'autorité supérieure à la loi, & que ce n'est que par elle que le roi peut exiger l'obéissance.*

Mais si l'ordre signé d'un ministre est notifié à un citoyen, que doit faire le citoyen ?

Le citoyen doit obéir, parce qu'un ordre revêtu des formalités de la loi, en a l'autorité jusqu'à ce qu'on ait démontré légalement l'injustice de cet ordre.

Tous les ordres du roi doivent-ils être signés d'un ministre ?

Oui, & *aucun ordre du roi ne pourra être exécuté s'il n'est signé de sa majesté, & contre-signé d'un secrétaire d'état, ou par l'ordonnateur du département.*

Pourquoi a-t-on exigé cette formalité ?

Parce qu'un ordre revêtu d'une telle formalité ne ressemble pas à l'ordre d'un despote, dont la volonté suffit; & pour obliger les ministres signataires à éclairer le roi aulieu de l'entretenir ou de le laisser dans l'erreur.

Les ministres sont donc responsables des infractions faites aux loix ?

Oui, les ministres signataires d'ordres contraires aux loix, sont responsables de ces ordres, & des dommages causés par ces infractions, *quels que soient les ordres qu'ils aient reçus.*

Pourquoi le ministre est-il responsable de l'ordre qu'il a signé, tandis que le roi ne l'est pas ?

Parce que le roi ne donnant d'ordre que sur l'exposé qui lui a été fait, c'est au ministre qui a la confiance du roi à vérifier l'exposé.

A qui le citoyen vexé par un ordre injuste devra-t-il recourir pour obtenir des réparations ?

Aux tribunaux.

Pourquoi faut-il recourir aux tribunaux pour obtenir la réparation du dommage causé par cet ordre injuste ?

Parce qu'alors il y a un procès entre le citoyen vexé & le ministre. Le premier dit que l'ordre est contre les loix : le second soutient au contraire qu'il est conforme aux loix ; il faut donc décider ; & qui peut mieux décider que les tribunaux ?

Pourquoi doit-on déléguer au roi la direction de toutes les forces de l'état ?

Parce que, par la nature du gouvernement, étant seul chargé de l'exécution de toutes les loix, il doit avoir à ses ordres toutes les forces de la nation.

Le roi peut-il disposer des forces de la nation contre les ennemis extérieurs de l'état.

Le roi ne peut pas en disposer arbitrairement & à sa volonté ; mais quand la nation ou ses représentans ont décrété de déclarer la guerre, & qu'il a sanctionné ce décret, le roi est le chef, & à lui seul appartient la direction de toutes les forces de l'état.

Le roi n'a donc pas le droit de déclarer à son gré la guerre ?

Non, le roi n'a ni le pouvoir de faire la guerre, ni celui de faire la paix sans le consentement de la nation.

Pourquoi le roi n'a-t-il pas le pouvoir de faire la paix ou la guerre ?

Parce que par la paix ou la guerre les propriétés de la Nation sont compromises, & le roi n'a le pouvoir de les engager ni de les aliéner.

pourquoi le pouvoir d'assembler la nation est-il délégué au roi ?

Parce que la nation n'étant assemblée qu'en vertu de la délibération qu'elle a prise de s'assembler, l'acte en vertu duquel elle est rassemblée est une pure exécution de la loi.

Mais puisque le roi peut assembler la nation pour des circonstances extraordinaires, ce n'est pas comme exécuteur de la loi qu'il proclame l'assemblée ?

Pardonnez moi, puisque la loi ordonne au roi d'assembler la nation dans ces circonstances extraordinaires, il ne fait qu'exécuter la loi en l'assemblant précisément dans les circonstances extraordinaires.

La nation ne pourroit-elle s'assembler sans la proclamation du roi ?

Si aux époques fixées par les décrets de l'assemblée nationale, les ministres du pouvoir exécutif n'avoient reçu cette proclamation, ils devroient eux-mêmes la faire, mais toujours au nom du roi

Pourquoi les ministres du pouvoir exécutif devroient-ils faire cette proclamation après le temps indiqué, sans attendre l'ordre du roi ; & pourquoi devroient ils la faire au nom du roi ?

Parce que pour exécuter une loi, le ministre inférieur qui la reçue n'a pas besoin de l'ordre de son supérieur à qui cette même loi commande.

On doit faire la proclamation au nom du roi, parce qu'à moins de le déposer, il ne peut se faire pas un acte de pouvoir exécutif qu'en son nom, & comme en ayant reçu de lui l'ordre. Sans cela le gouvernement ne seroit pas monarchique.

Qui doit régler la forme des assemblées nationales ?

La nation elle-même.

Pourquoi la nation doit-elle régler la forme de ses assemblées ?

Parce que la forme ou le mode de l'assemblée influant beaucoup sur le fond de la délibération, la nation paroîtroit avoir délibéré quand il n'y auroit qu'une partie de la nation qui auroit en effet délibéré.

Comment le mode ou la forme de la délibération peut il influer sur le fond de la délibération ?

Par la division des ordres, & en donnant à un ordre une prépondérance qui lui obtiendroit facilement la majeure. Ainsi dans nos états-généraux précédens, en avilissant la commune, on lui avoit ôté de sa force, & on avoit augmenté celle de la noblesse & du clergé.

Est-il de la nature du gouvernement monarchique qu'il y ait différens ordres dans l'état ?

Non, il est au contraire contre la nature de tout gouvernement qu'il y ait différens ordres.

Pourquoi est-il contre la nature de tout gouvernement qu'il y ait différens ordres?

Parce que tout ce qui tend à la dissolution de la société est contre la nature du gouvernement.

Comment la distinction des ordres tend-elle à la dissolution de la société?

La distinction des ordres tend à la dissolution de la société, parce que chaque ordre travaille à son accroissement particulier, & cet accroissement ne peut être qu'au détriment général. Plus le clergé acquéroit de bien, moins il en restoit dans le commerce; plus la noblesse acquéroit d'honneur, plus la commune étoit humiliée, &c. &c.

Le roi peut-il faire des loix?

Non, le roi ne peut pas faire des loix.

Pourquoi le roi ne peut-il pas faire des loix?

Parce que la loi est l'expression de la volonté générale; & la loi que le roi porteroit ne seroit que l'expression de sa volonté particulière.

Mais puisque le roi est le représentant de la nation, le résultat de sa volonté ne seroit-il pas le résultat de la volonté générale?

Il est bien vrai que quand le roi ordonne l'exécution d'une loi, il est le représentant de la nation, mais précisément parce qu'il n'est son représentant que pour l'exécution de la loi, il est sans autorité pour la faire.

Puisque le roi ne peut pas faire des loix, puisqu'il ne peut pas déclarer la guerre ou faire la paix, qui donc fera les loix que pourront demander les nouvelles circonstances? qui déclarera la guerre ou fera la paix?

La nation, ou l'assemblée de ses représentaus, qui pour cet effet est déclarée permanente.

N'est-il pas contre la nature du gouvernement monarchique que l'assemblée nationale demeure permanente?

Non, il n'est pas contre la nature du gouvernement monarchique que l'assemblée nationale demeure permanente, parce qu'il n'y a contre la natute d'un gouvernement, que ce qui détruit la forme de ce gouvernement ; & la permanence de l'assemblée nationale ne détruit point la forme du gouvernement monarchique, au contraire, elle la maintient.

Comment la permanence de l'assemblée nationale ne détruit-elle pas la forme du gouvernement monarchique ?

Parce que, quoique l'assemblée nationale soit permanente, le roi demeure toujours le chef suprême du povoir exécutif, c'est-à-dire, chargé seul de gouverner le royaume par les loix faites par la nation.

Comment la permanence de l'assemblée nationale maintient-elle le gouvernement français monarchique ?

Parce que la permanence de l'assemblée nationale conservant le corps législatif, le pouvoir exécutif demeure resserré dans ses justes bornes. Si le corps législatif étoit dissous, le monarque se trouveroit souvent forcé de suppléer au silence des loix, en sorte qu'il ne gouverneroit pas toujours par les loix faites par la nation, mais par SON BON PLAISIR, & alors le gouvernement ne seroit pas monarchiqne. Ainsi, la permanence de l'assemblée nationale maintient le gouvernement français monarchique; ainsi, quand les abus précédens n'auroient pas indiqué cette précaution à nos représentans, ils auroient dû la prendre pour être conséquens.

Comment nommez-vous les ordres que le roi donne pour faire exécuter les loix ?

Des proclamations.

Pourquoi les nommez-vous proclamations ?

Parce que cet ordre ne pouvant être donné que pour l'exécution de la loi, il faut proclamer la loi. Cette forme a même cet avantage, qu'elle avertit, pour ainsi dire, le pouvoir exécuif des bornes de son pouvoir ; la nation de ses droits, & qu'elle donne, en quelque ſorte, une plus grande autorité à l'ordre.

Quel eſt l'objet des proclamations du roi ?

L'exécution des loix & la police du royaume.

Queſt-ce ce que la police du royaume ?

C'eſt le maintien de la paix entre les citoyens.

Comment parvient-on à maintenir la paix parmi les citoyens ?

En rappelant à chacun ſes devoirs, relativement aux membres de la ſociété.

Quels ſont les devoirs des citoyens, envers leurs concitoyens ?

C'eſt de reſpecter réciproquement leur propriété & leur honheur.

Qu'appellez-vous propriété des citoyens ?

C'eſt ce que chaque citoyen a acquis ſans prévariquer à la loi.

Qu'eſt ce que l'honneur d'un citoyen ?

C'eſt l'eſtime des hommes.

C'eſt donc prévariquer au devoir de citoyen, que de troubler la propriété de ſon concitoyen, ou de lui faire perdre de l'eſtime des hommes ?

Oui, troubler la propriété de ſon concitoyen, ou lui faire perdre de l'eſtime des hommes, c'eſt agir contre le ſerment tacite ou exprès que fait chaque membre de la ſociété, d'aider ſon concitoyen à repouſſer la violence & l'injuſtice ; c'eſt détruire l'harmonie de la ſociété, c'eſt violer les loix.

La nation n'eſt-elle point tenue de ſecourir chaque membre contre les uſurpateurs ?

Oui, la nation eſt tenue de ſecourir chaque membre contre les uſurpateurs, parce qu'*il n'y a point de ſociété où il n'y a point de garantie de droit.*

Qui doit être chargé de veiller à la tranquillité des citoyens ?

Le chef ſuprême du pouvoir exécutif.

Pourquoi le chef ſuprême du pouvoir exécutif doit-il être chargé de veiller à la tranquillité des cioyens ?

Parceque la tranquillité des citoyens, n'étant que le résultat de l'exécution des loix, il n'y a que celui à qui la nation a délégué le pouvoir exécutif qui puisse procurer cette tranquillité.

Quel est le moyen de garantir les propriétés & de prévenir les troubles ?

C'est d'établir les règles qui fixent, d'une maniere bien précise, les caractères des propriétés & dans la plus juste proportion, les peines contre les perturbateurs.

Comment nommez-vous ces règles ?

Les loix civiles & pénales

Quelles sont les loix civiles ?

Celles qui fixent les caractères de propriété sont les loix civiles, & celles qui fixent la peine pour chaque délit sont les loix pénales.

Comment peut-on connoître qu'un citoyen a été troublé dans sa propriété ?

On peut connoître qu'un citoyen a été troublé dans sa propriété, quand, après avoir reconnu la propriété, il est démontré que le fait dont il se plaint, troubloit cette propriété.

Comment parvenir à toutes ces recherches ?

Par l'examen des titres l'application des loix & la recherche du fait.

Seroit-il sage de laisser aux parties de faire cette application & ces recherches ?

Non, parce que plusieurs n'ont pas les connoissances nécessaires pour y parvenir, & elles y mettroient une passion qui, loin de les y mener, les en éloigneroit toujours davantage.

Qui doit donc être chargé de cette fonction ?

Des personnes éclairées & sans intérêt à la chose.

Les parties doivent-elles choisir les personnes ?

Non, l'homme de mauvaise foi mettroit trop de lenteur ; l'intérêt dirigeant toujours le choix ; les parties ou les juges ne seroient jamais d'accord, & si le juge prononçoit, le jugement seroit sans force.

Pourquoi le jugement de ce juge seroit-il sans force ?

Parce que la loi n'ayant point donné d'autorité à ce juge, la loi ne lui prêteroit pas sa force.

Qu'est-ce que la force de la loi?

C'est la force publique.

Quel est donc le moyen de procéder utilement à ces recherches, de faire réparer le dommage & punir le perturbateur?

C'est que tous les citoyens nomment parmi eux, pour juger leurs différens, ceux en qui ils ont le plus de confiance.

Puisque le roi est le chef suprême, pourquoi ne nommeroit-il pas les juges?

Parce que le juge, ne pouvant pas toujours prononcer selon la loi, ce seroit fournir au monarque un moyen d'être despote. Ses juges prononceroient en faveur du grand ou de l'ami du roi.

Comment donner au jugement prononcé par le juge, élu par le peuple, la force publique?

En donnant à l'élection de ce juge, la sanction publique.

Qui doit donner cette sanction?

Le chef du pouvoir exécutif.

Pourquoi le chef suprême du pouvoir exécutif doit-il confirmer l'élection du juge?

Parce que le juge ne pouvant ni faire ni interpréter la loi, ne fait que l'exécuter, en sorte qu'il est censé agir pour & à la place du monarque.

Les juges peuvent-ils istruire une procédure arbitrairement & selon leur caprice?

Non, le ministre de la loi ne doit marcher qu'au flambeau de la loi; & le juge qui, pour découvrir une vérité, s'écarteroit de la forme prescrite, seroit prévaricateur.

Comment nomme-t-on les loix d'après lesquelles un juge doit instruire un procès?

L'ordre judiciaire.

Qui doit établir l'ordre judiciaire?

Le pouvoir législatif.

Pourquoi eſt-ce que le pouvoir légiſlatif doit établir l'ordre judiciaire?

Parce que la juſtice devant être adminiſtrée d'après les principes de la conſtitution, c'eſt au corps qui peut interpréter les loix conſtitutionnelles, d'établir tout ce qui tient à la conſtitution; & il y auroit cette inconſéquence, ſi le roi établiſſoit l'ordre judiciaire, qu'il ſe preſcriroit des loix à lui-même.

Comment le roi feroit-il ſenſé ſe preſcrire des loix à lui-même, s'il établiſſoit l'ordre judiciaire?

Parce que la juſtice ſe diſtribue au nom du roi.

Pourquoi la juſtice ſe diſtribue-t-elle au nom du roi?

Parce que la juſtice n'eſt autre choſe que l'exécution de la loi.

DES PROPRIÉTÉS DE LA NATION.

Qu'eſt-ce que les propriétés de la nation?

C'eſt dans toute l'enceinte de ſon territoire tout ce qui n'a ni ne peut avoir de maître, tels que les mers, les rivières, les vaquans point poſſédés, le temples, les lieux ſaints, les places & les grand chemins; tout ce qui lui a été donné, & les impôts.

C'eſt donc faire un vol à la nation que de gater les rivières par des quais, des plantations ou autrement?

Oui, c'eſt un vol à la nation, & le miniſtre du pouvoir exécutif a droit & doit ſommer celui qui a mis ces obſtacles de les enlever, faute de quoi il doit les faire enlever aux frais de ce particulier.

N'y a-t-il que le miniſtre du pouvoir exécutif qui puiſſe faire ôter ces obſtacles? un particulier ne le pourroit-il point?

Non, mais ſeulement il pourroit en prévenir les miniſtres ou les officiers du pouvoir exécutif; & ſi ces obſtacles lui nuiſoient particulièrement, demander qu'ils fuſſent ôtés; car ce feroit inutilement que les citoyens ce ſeroient nommés des juges, s'ils pouvoient ſe faire juſtice.

Si par ces obſtacles il arrivoit à quelqu'un du dommage, celui à qui le dommage arriveroit pourroit-il en demander réparation?

Oui, parce que le dommage lui seroit arrivé par une contravention à la loi.

Est-ce un vol à la nation que de prendre les matérieaux destinés au service public, de s'emparer des chemins ou des places publiques?

Oui, c'est un vol à la nation que d'empiéter sur les places ou chemins publics; de les détériorer ou de s'emparer de quoi que ce soit destiné au service public.

Vous dites que les impôts sont une des propriétés de la nation; mais qu'est ce qu'un impôt?

C'est une rétribution volontairement consentie par chaque individu, ou les représentans de la nation, pour subvenir aux dépenses de l'etat.

Par qui un impôt peut-il être établi?

Par la nation ou ses représentans.

Pourquoi la nation ou ses représentans peuvent-ils seuls établir un impôt?

Parce que le paiement d'un impôt dépouillant chaque indivi d'une portion de sa propriété, ce dépouillement ne peut être que le résultat de la volonté générale.

Qui doit être chargé de faire lever l'impôt?

Le chef suprême du pouvoir exécutif.

Pourquoi le chef suprême doit-il être chargé de faire lever l'impôt?

Parce que l'impôt n'étant levé qu'en exécution de la loi qui l'établit & ordonne de le lever, c'est purement un acte du pouvoir exécutif.

Le roi est-il maître de prescrire la manière de lever l'impôt?

Non, parce que le roi ne peut agir que par la loi & selon la loi.

Par qui le mode ou la manière de lever l'impôt doit-il être établi?

Par la nation ou ses représentans.

Pourquoi la nation ou ses représentans peuvent-ils seuls fixer la maniere de lever l'impôt ?

Parce que la manière de lever l'impôt pouvant l'augmenter en le rendant plus onéreux, il ne seroit pas exactement le résultat de la volonté générale si tout autre que la nation établissoit la manière de le lever.

Par qui l'impôt doit-il être administré ?

Par le chef du pouvoir exécutif.

Pourquoi l'impôt doit-il être administré par le chef du pouvoir exécutif ?

Parce que l'impôt ne devant être employé qu'à des objets indiqués par la loi, l'administration de l'impôt n'est autre chose que l'exécution de la loi qui l'établit.

La nation peut-elle demander compte de l'emploi de l'impôt ?

Oui la nation peut demander compte de l'emploi de l'impôt, parce qu'il faut qu'il soit employé à l'objet de sa destination.

A qui la nation peut-elle demander compte de cet emploi ?

Au ministre qui aura contresigné les ordres de cet emploi.

L'argent provenant de l'impôt ne peut donc être employé sans le contreseing d'un ministre ?

Non, parce que les ordres du roi sur la caisse doivent, comme tous les autres, être contresignés.

Pourquoi les ordres doivent-ils être contresignés ?

Parce qu'ils font une partie de l'administation.

Et dans une monarchie toutes les branches de l'administration doivent porter l'empreinte de la loi.

Le roi est donc sous la dépendance des ministres ?

Non, mais comme les revenus de la nation ne s'emploient que pour des objets de dépense arrêtés par les ministres ; c'est à eux, chacun dans sa partie, à veiller à ce que les dépenses soient faites, & que les revenus de l'état ne soient pas détournés.

Comment un impôt doit-il se répartir ?

En proportion des propriétés.

Quand un impôt a été établi par la nation, est il permis à un propriétaire de se dispenser de le payer?

Non, un propriétaire ne peut sous aucun prétexte se dispenser de payer l'impôt pour lequel il est taxé, & tous les moyens qu'il pourroit employer pour se garantir de payer cet impot, sont criminels & contre la nation.

Il n'est donc pas permis d'éviter de payer les droits des marchandises que l'on exporte, ni ceux de celles que l'on importe, ni de chercher à déguiser la quantité de ses propriétés pour diminuer ses impositions?

Non, toute espèce de contrebande ou de fraude à cet égard, est une violation du serment qu'on a fait d'observer la constitution & d'obéir à la loi & au roi, & c'est faire tout ce que l'on peut pour détruire & renverser l'état.

Comment le défaut de paiement d'impôt détruit-il l'état?

Parce que sans les impôts l'état ne peut payer ni les juges qui maintiennent la paix au-dedans, ni les troupes qui garantissent les attaques du dehors, ni les ministres de la religion, ni les frais du culte, ni toutes les dépenses nécessaires à l'existence d'un état. C'est détruire la constitution, que de ne pas payer les impôts établis par la nation ou ses représentans.

DES ALLIÉS DE LA NATION.

Qui sont les alliés de la nation?

Ce sont les peuples avec lesquels la nation a contracté des traités d'alliance ou d'union.

Quels sont les devoirs d'une nation envers ses alliés?

De respecter les traités & de les exécuter avec franchise & loyauté, à moins qu'ils n'aient été l'effet de la fraude ou qu'ils n'aient pour base l'abus d'un moment d'oppression, ou la trahison, car les traités entre les nations sont aussi obligatoires que les traités entre les particuliers.

Quels sont les devoirs des membres d'une nation envers les nations alliées ou ses membres?

C'est d'en respecter les envoyés ou le pavillion.

Il n'est donc pas permis de prendre un vaisseau décoré du pavillon de nos alliés?

Non, outre qu'il eſt injuſte d'attaquer quelqu'un qui ne nous attaque point, c'eſt encore aller contre les loix de la nation, qui leur ont promis paix & protection; c'eſt ſurtout aller contre cette généreuſe déclaration authentique faite à la face de l'Europe par tous les Français, de ne prendre les armes que pour nous défendre.

Maintenant que nous connoiſſons toute la ſageſſe de notre conſtitution, que nous reſte-t-il à faire?

A la maintenir, à lui obéir, & à porter les autres à lui obéir.

Quel eſt le véritable moyen de maintenir la conſtitution?

C'eſt de choiſir pour adminiſtrateurs des emplois publics ceux (de quelque religion qu'ils ſoient) à qui nous voudrions confier nos propres affaires. C'eſt-à-dire, ceux qui ont le plus de probité, le plus de connoiſſance & le plus d'amour de la choſe publique, & ſurtout plutôt ceux qui font de bonnes actions que ceux qui donnent de l'argent. Ceux qui étoient affables que ceux qui le ſont devenus. Ceux qui, par crainte craignent les emplois publics, & non ceux qui les briguent ou les font briguer, ceux qui reſpectent les mœurs.

Quel eſt le véritable moyen de porter les autres à aimer une conſtitution?

C'eſt de prouver par la loyauté de nos actions, par la modération de nos propos, par notre aménité, que cette conſtitution fait notre bonheur.

Faiſons donc le ſerment d'obéir à la loi & au roi, de maintenir la conſtitution & d'agir au moins avec tous les Français & nos alliés comme avec des frères.

Nous le jurons.

www.ingramcontent.com/pod-product-compliance
Lightning Source LLC
LaVergne TN
LVHW052030160826
845678LV00003B/1261

9782329638690